ALMANAQUE dos dinossauros

© LUIZ EDUARDO ANELLI e CELINA BODENMÜLLER, 2017

EDIÇÃO DE TEXTO: Lisabeth Bansi, Patrícia Capano Sanchez
COORDENAÇÃO DE EDIÇÃO DE ARTE: Camila Fiorenza
PROJETO GRÁFICO: Caio Cardoso
DIAGRAMAÇÃO: Isabela Jordani
ILUSTRAÇÃO DE CAPA: Marcos de Mello
ILUSTRAÇÕES DE MIOLO: Júlio Lacerda, Marcos de Mello, Pietro Antognioni, Thomas Hardtmann
COORDENAÇÃO DE ICONOGRAFIA: Luciano Baneza Gabarron
PESQUISA ICONOGRÁFICA: Cristina Mota, Júnior Rozzo
COORDENAÇÃO DE REVISÃO: Elaine Cristina del Nero
REVISÃO: Nair Hitomi Kayo
COORDENAÇÃO DE BUREAU: Rubens M. Rodrigues
TRATAMENTO DE IMAGENS: Marina M. Buzzinaro
PRÉ-IMPRESSÃO: Alexandre Petreca, Everton L. de Oliveira, Marcio H. Kamoto, Vitória Sousa
COORDENAÇÃO DE PRODUÇÃO INDUSTRIAL: Wendell Jim C. Monteiro
IMPRESSÃO E ACABAMENTO: Forma Certa Gráfica Digital
LOTE: 784419
CÓDIGO: 12107369

Dados Internacionais de Catalogação na Publicação (CIP)
(Câmara Brasileira do Livro, SP, Brasil)

Anelli, Luiz Eduardo
Almanaque dos dinossauros / Luiz Eduardo Anelli e
Celina Bodenmüller. – São Paulo: Moderna, 2017. –
(Coleção almanaques infantis)

ISBN: 978-85-16-10736-9

1. Almanaques 2. Dinossauros - Literatura
infantojuvenil 3. Literatura infantojuvenil
I. Bodenmüller, Celina. II. Título III. Série.

17-03553   CDD-028.5

Índice para catálogo sistemático:
1. Almanaques para crianças 030.83

REPRODUÇÃO PROIBIDA. ART. 184 DO CÓDIGO PENAL E LEI Nº 9.610, DE 19 DE FEVEREIRO DE 1998

Todos os direitos reservados
EDITORA MODERNA LTDA.
Rua Padre Adelino, 758 – Belenzinho
São Paulo – SP – Brasil – CEP 03303-904
Vendas e atendimento: Tel. (11) 2790-1300
www.modernaliteratura.com.br
2023

Impresso no Brasil

Luiz Eduardo Anelli
Celina Bodenmüller

ALMANAQUE dos dinossauros

Ilustrações de
Júlio Lacerda, Marcos de Mello,
Pietro Antognioni e Thomas Hardtmann

1ª edição
2017

SUMÁRIO

 Introdução
página 6

 O imenso tempo geológico
página 8

 Incríveis fósseis
página 12

 **Os dinos na árvore da vida**
página 20

 **Perigos por todos os lados**
página 26

Dedicamos este livro a todas as pessoas que ensinam às crianças o amor pela leitura e que fizeram este livro chegar até suas mãos curiosas.

Você já viu um dinossauro hoje?
página 32

Os dinos do Brasil
página 42

Histórias e curiosidades sobre dinossauros
página 48

O sítio paleontológico
página 72

O que ainda não sabemos...
página 78

INTRODUÇÃO

Você já viu um dinossauro hoje?

Os dinossauros existem há centenas de milhões de anos, colorindo o mundo e animando o céu. No passado, alguns deles foram maiores que uma baleia azul, enquanto outros tinham o tamanho de um passarinho. Eles viveram em todos os continentes. Quente ou frio, desértico ou chuvoso, não tinha tempo ruim para dinossauro.

Tudo o que sabemos sobre eles ficou guardado nas rochas. Como somos muito curiosos, estudamos os ossos, pegadas e qualquer outra coisa que encontrarmos sobre eles, seja o resto de um cocô ou mesmo a marca de um xixi. E é por isso que sabemos muito sobre os dinossauros. Mas isso não quer dizer que sabemos tudo.

Você acha que sabe tudo, não é? Pois bem. Quantos dinossauros existiram no mundo? Qual era a cor do Tiranossauro rex? Quantos dinossauros viveram no Brasil? Muitas dessas coisas nem você nem os paleontólogos nunca saberão. Ainda temos muito o que estudar e aprender. O mundo precisa de mais paleontólogos.

E não duvide: os dinossauros estão hoje por toda parte. Preste atenção ao acordar pela manhã e você ouvirá seus cantos e assobios. Vá até a janela no final da tarde, e os verá voando apressadamente até o ninho onde passarão a noite com seus filhotes e parceiros. Os dinossauros são os animais mais comuns na sua cidade!

O imenso tempo geológico

Ninguém sabe qual é a idade exata da Terra porque as primeiras rochas não existem mais. Os geólogos acreditam que seja quase a mesma dos meteoritos encontrados por aqui, isto é, 4,55 bilhões de anos. Durante esse tempo extraordinariamente longo nasceram e desapareceram continentes e oceanos e toda a vida que conhecemos evoluiu, desde as microscópicas bactérias até as plantas, fungos e animais.

Conheça alguns dos eventos que marcaram a história da vida.

ASSIM COMO O ANO É DIVIDIDO EM MESES, SEMANAS E DIAS, O TEMPO GEOLÓGICO É DIVIDIDO EM ÉONS, ERAS E PERÍODOS. OS GRANDES DINOSSAUROS VIVERAM NOS PERÍODOS **TRIÁSSICO**, **JURÁSSICO** E **CRETÁCEO** DA ERA MESOZOICA.

1. 4,55 bilhões de anos - Nascimento da Terra
2. 4,4 bilhões de anos - Primeiros oceanos
3. 4,1 bilhões de anos - Surgimento da vida
4. 3,8 bilhões de anos - Primeiras bactérias
5. 2,4 bilhões de anos - Fósseis mais antigos do Brasil
6. 1,3 bilhão de anos - Primeiras plantas e fungos
7. 600 milhões de anos - Primeiros animais
8. 500 milhões de anos - Primeiros peixes
9. 380 milhões de anos - Primeiras florestas e anfíbios
10. 312 milhões de anos - Primeiros répteis
11. 231 milhões de anos - Primeiros dinossauros
12. 200 milhões de anos - Primeiros mamíferos

Observe a escala do tempo e descubra o éon, a era, o período e a época em que você vive. E os dinossauros?

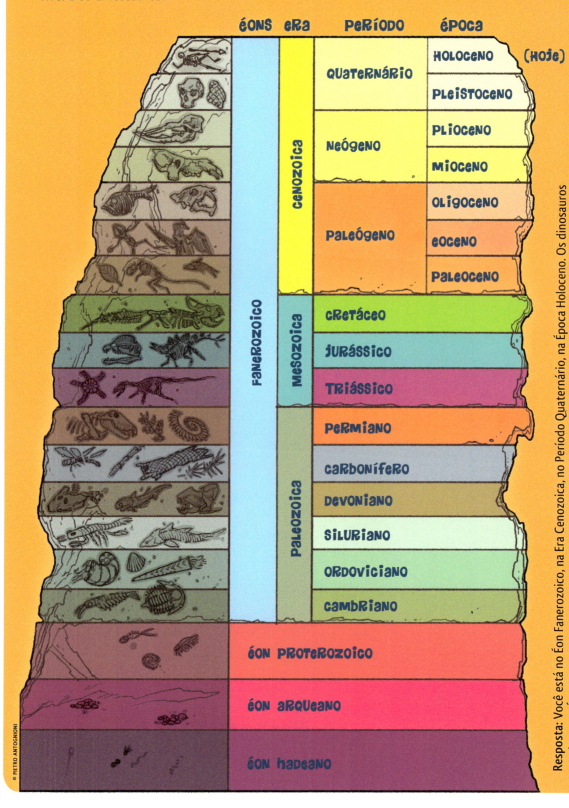

Resposta: Você está no Éon Fanerozoico, na Era Cenozoica, no Período Quaternário, na Época Holoceno. Os dinossauros surgiram no Éon Fanerozoico, na Era Mesozoica, no período Triássico, e vivem até hoje.

Você sabia?

Um dos meteoritos utilizados para estimar a idade da Terra chama-se **Canyon Diablo**. Ele caiu no deserto do Arizona, Estados Unidos, há 50 mil anos e sua enorme cratera, com mais de um quilômetro de diâmetro, ainda está lá e pode ser visitada.

Saiba mais

Geologia (do grego: *geo-*, "a terra" e *logos*, "estudo de") é a ciência que estuda a história da Terra preservada nas rochas.

Agora é sua vez!

CAMINHADA PELO TEMPO GEOLÓGICO

VOCÊ VAI PRECISAR DE:
- uma turma de 8 amigos
- um espaço livre com 46 passos de comprimento

INSTRUÇÕES:

Imagine uma linha reta com 46 passos. Cada passo equivale a 100 milhões de anos. Lembre-se de que os passos, a partir do último amigo da fila, devem ser mais ou menos iguais entre todos.

PASSO ZERO
primeiro amigo
ORIGEM DO SISTEMA SOLAR
4,6 bilhões de anos

+ MEIO PASSO
segundo amigo
ORIGEM DA TERRA
4,55 bilhões de anos

+ 4 PASSOS E MEIO
terceiro amigo
ORIGEM DA VIDA
4,1 bilhões de anos

+ 28 PASSOS
quarto amigo
ORIGEM DAS PLANTAS (algas)
1,3 bilhão de anos

+ 7 PASSOS
quinto amigo
ORIGEM DOS ANIMAIS
600 milhões anos

+ 3 PASSOS E MEIO
sexto amigo
PRIMEIROS DINOSSAUROS
230 milhões de anos

+ 2 PASSOS
sétimo amigo
EXTINÇÃO DOS DINOSSAUROS
66 milhões de anos

+ MEIO PASSO
oitavo amigo
HOJE

Almanaque dos dinossauros

Incríveis fósseis

Fósseis são restos ou vestígios de seres que viveram no passado. Podem ser: conchas, carapaças, ossos e até outras partes do corpo dos animais, como pele e dentes. Também são fósseis os restos de bactérias, plantas e fungos. A maioria dos fósseis é encontrada nas rochas.

Para que restos ou vestígios de dinossauros se tornem fósseis, precisam estar protegidos da erosão, da chuva, do vento e das mudanças de temperatura. Essa proteção ocorre sempre que uma camada de lama ou areia recobre, para sempre, os ossos ou as marcas deixadas por eles.

ONDE ESTÃO OS FÓSSEIS

A grande maioria dos fósseis está nas rochas, mas não em todas. Fósseis são encontrados apenas nas rochas sedimentares. Durante as eras geológicas, uma grande quantidade de sedimentos foi transportada por correntes marinhas, rios e pelo vento para regiões da Terra onde a crosta estava afundando. Esses locais são chamados de **bacias sedimentares**, e foi nessas regiões que os fósseis foram preservados.

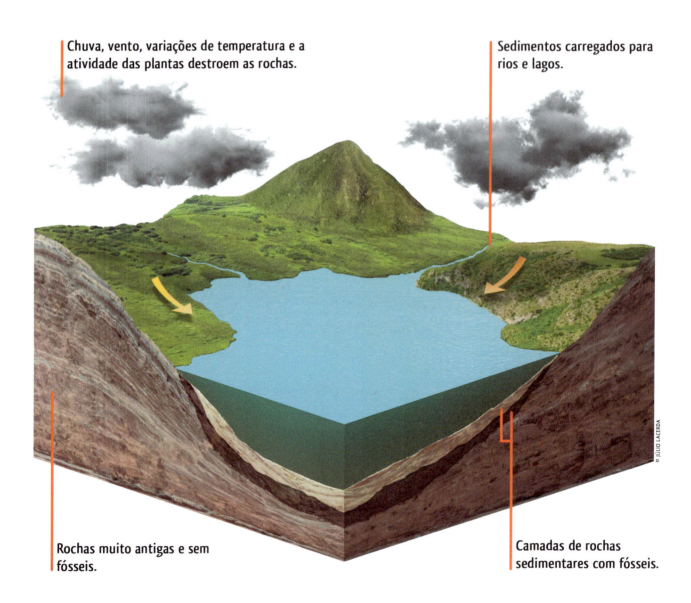

Chuva, vento, variações de temperatura e a atividade das plantas destroem as rochas.

Sedimentos carregados para rios e lagos.

Rochas muito antigas e sem fósseis.

Camadas de rochas sedimentares com fósseis.

14 Almanaque dos dinossauros

Conheça as principais bacias sedimentares brasileiras, onde está a maioria dos nossos fósseis:

curiosidades

O petróleo também é um fóssil, pois é resultado da decomposição da matéria orgânica de seres que viveram no passado. As bacias sedimentares de Santos e de Campos estão sob o mar. É de lá que vem a maior parte do petróleo do Brasil.

É mais fácil encontrar rochas com fósseis em desertos do que em florestas

As regiões mais úmidas da Terra são um paraíso para as florestas. O crescimento das raízes e o apodrecimento de troncos e folhas destroem as rochas e os fósseis que estão nelas, transformando tudo em solo.

Já os desertos são muito secos; neles encontramos rochas inalteradas, sobre as quais nunca existiram florestas. O resultado é que lá os fósseis estão intactos. Isso explica porque a maioria dos fósseis de dinossauros foi encontrada em regiões desérticas, como o Saara, na África, o interior da Ásia, as Montanhas Rochosas na América do Norte e a Patagônia, na América do Sul.

Regiões da Terra onde a maioria dos dinossauros foi encontrada

Os pontos amarelos neste mapa mostram as principais regiões da Terra onde esqueletos de dinossauros são encontrados. Repare como a maioria dos pontos coincide com as regiões áridas e desérticas da Terra, mostradas no mapa ao lado.

16 Almanaque dos dinossauros

Regiões áridas e desérticas da Terra

Você sabia?

A cada 200 milhões de ossos de dinossauros que existiram durante a Era Mesozoica, apenas 1 foi encontrado.

Então basta cavar dentro de uma bacia sedimentar para encontrar um fóssil de dinossauro?

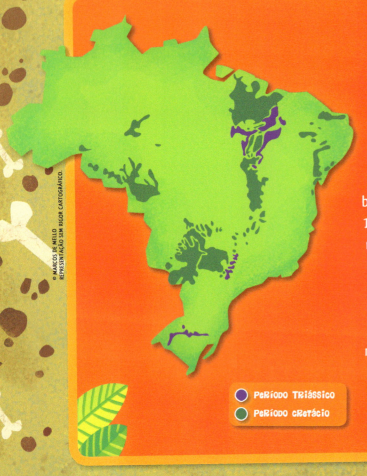

- Período Triássico
- Período Cretácio

Pode ser que sim, pode ser que não. Compare o mapa ao lado com o das bacias sedimentares brasileiras (página 15). Note que rochas da Era Mesozoica não ocorrem por toda a extensão das bacias sedimentares. Não basta estar no lugar certo, mas é preciso cavar as rochas do tempo certo também. Repare que nesse mapa não existem rochas do Período Jurássico. É por isso que não conhecemos esqueletos de dinosssauros desse tempo.

Estou numa bacia sedimentar com rochas da Era Mesozoica. Vou encontrar um dinossauro agora?

Pode ser que sim e pode ser que não. No Brasil, o clima não era dos mais favoráveis. Muitos dinos preferiram morar mais ao sul, na região em que hoje está a Argentina, onde haviam grandes florestas. O Brasil tinha poucas florestas e, por isso, era ruim para dino viver. Isso explica porque 150 espécies já foram descobertas nas rochas argentinas, enquanto que, no Brasil, apenas 29.

argentina brasil

18 Almanaque dos dinossauros

OFICINA DE FÓSSEIS

Os mamutes viveram muito tempo depois dos dinossauros. Seus fósseis são encontrados no solo congelado de regiões próximas ao Pólo Norte. Por causa do aquecimento global, que causa o derretimento do gelo, novos esqueletos de mamutes vêm aparecendo com frequência. Vamos fabricar um fóssil parecido com esse?

VOCÊ VAI PRECISAR DE:

alguns animais pequenos de plástico

1 litro de água

1 quilo de terra

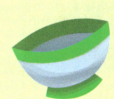
uma vasilha

INSTRUÇÕES:

1. Misture tudo na vasilha e leve ao congelador por um dia.

2. Desenforme o bloco de lama da vasilha.

3. Deixe-o ao sol para ver como um animal extinto reaparece após milhares de anos.

Mas atenção! Isso é apenas uma brincadeira. Saiba que a geleira mais antiga da Terra tem cerca de 1 milhão de anos e, por isso, jamais encontraremos um grande dinossauro congelado.

Almanaque dos dinossauros

Os dinos na árvore da vida

Para saber de onde vieram os dinossauros, vamos olhar para uma árvore de 310 milhões de anos. Ao observá-la você terá certeza de que os crocodilos não são lagartos que cresceram, que pterossauros não eram dinossauros voadores e que os dinossauros não foram nossos ancestrais.

Répteis Aquáticos

Tartarugas

Mamíferos

Lepidossauros

Sinápsidos

Saurópsidos

Amniotas: animais de quatro patas (Tetrápodes) que põem ovos fora da água.

Amniotas

Dos répteis brotaram três ramos principais: o das tartarugas; o dos **Lepidossauros**, de onde vieram os grandes répteis aquáticos e os populares lagartos e cobras; e o dos **Arcossauros**, de onde nasceram os crocodilos, os pterossauros e, finalmente, os dinossauros e as aves.

Dos amniotas dois grandes ramos brotaram: **Sinápsidos**, de onde nasceram os **mamíferos**, e **Saurópsidos**, de onde nasceram todos os **répteis**.

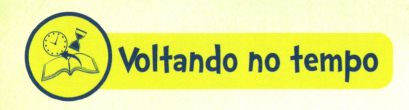

QUEM SÃO OS DINOSSAUROS?

O primeiro dinossauro conhecido foi o Megalossauro, em 1824. Seu descobridor foi William Buckland, um padre inglês que nas horas vagas era caçador de fósseis.

Os primeiros dinossauros viveram no período Triássico, cerca de 231 milhões de anos atrás, e deram origem a duas grandes linhagens: os ornitísquios, que significa cintura de ave, e os saurísquios, que significa cintura de lagarto.

Veja como eram seus ossos:

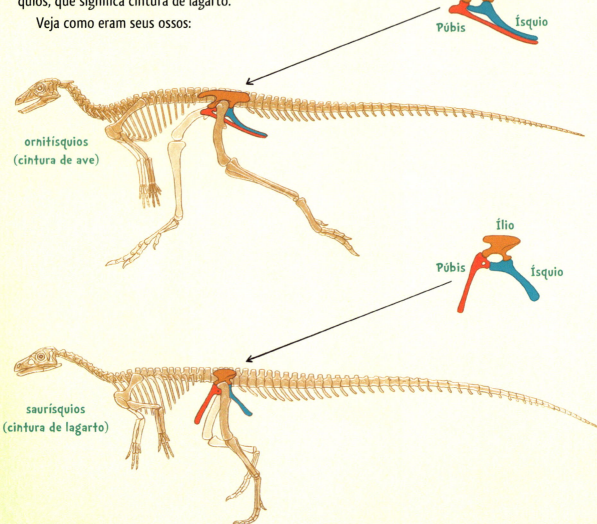

22 Almanaque dos dinossauros

Por quase toda a Era Mesozoica, entre 231 e 66 milhões de anos atrás, a árvore da vida dos dinossauros se ramificou esplendidamente, tanto na aparência quanto no modo de viver.

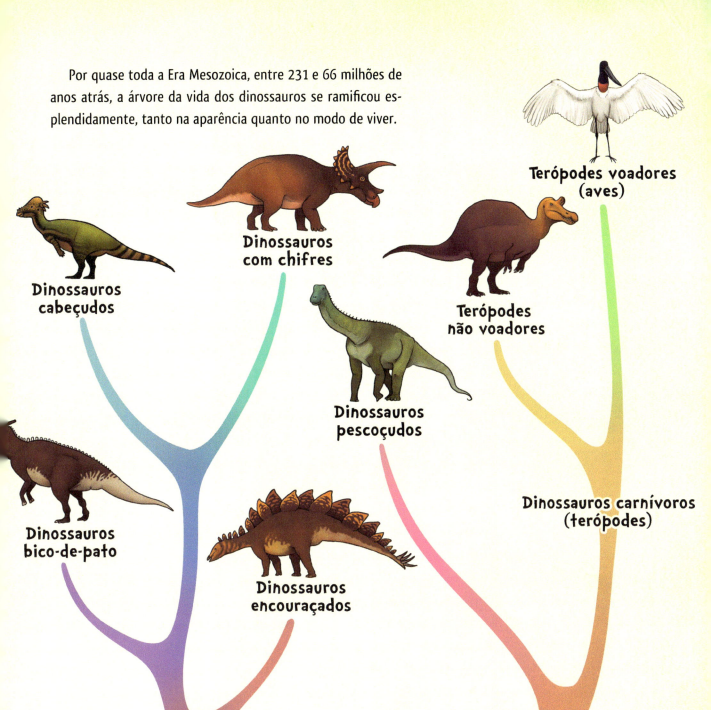

Almanaque dos dinossauros 23

curiosidades!

O nome dinossauro foi inventado pelo cientista inglês Richard Owen, em 1842, e significa "lagarto terrível". No entanto, como você pode ver na árvore da abertura deste capítulo, dinossauros e lagartos são parentes distantes. Como saber se um esqueleto é ou não de um dinossauro? Isso não é nada fácil, nem mesmo para os paleontólogos. Mas os ossos dos dinossauros têm algumas características só deles. O desenho abaixo mostra algumas.

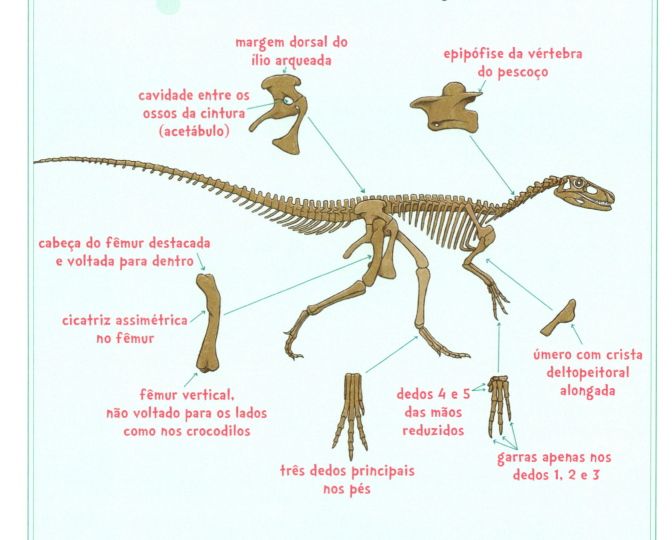

O ESQUELETO ACIMA É DE UM DOS MAIS ANTIGOS DINOSSAUROS, O ARGENTINO HERRERASSAURO. COM O TEMPO OS DINOSSAUROS EVOLUÍRAM E ALGUMAS DESSAS CARACTERÍSTICAS DESAPARECERAM.

NÃO SOMOS DINOSSAUROS!

Pterossauros eram legais, mas não eram dinossauros, e sim répteis arcossauros que aprenderam a voar. Você pode ficar decepcionado, mas é assim e pronto. Os primeiros pterossauros nasceram no tempo dos primeiros dinossauros, mas em outro ramo da árvore da vida. Eram seus primos voadores, muitos deles enormes, como o Quetzalcoatlus, que chegava a ter 12 metros de uma extremidade a outra das asas. Muitos esqueletos de pterossauros já foram encontrados no Brasil — cerca de 25 espécies — todos do período Cretáceo.

ESTE É O ESPLÊNDIDO TUPANDÁCTILO, UM PTEROSSAURO ENCONTRADO NO CEARÁ, AQUI NO BRASIL. SUA CRISTA É UMA DAS MAIORES DO MUNDO PRÉ-HISTÓRICO.

Você sabia?

O brasileiro Tropeognato foi um dos maiores pterossauros que já existiu, com uma envergadura de 8 metros. Ele viveu no Ceará há 115 milhões de anos.

Perigos por todos os lados

O longo reinado dos dinossauros chegou ao fim pela combinação mortal de dois terríveis acontecimentos: um longo vulcanismo e a queda de um gigantesco asteroide. Os bichos pequenos tiveram mais chance de sobreviver, pois encontraram refúgio com facilidade, não necessitaram de muito alimento e água, e se reproduziam com rapidez.

O asteroide chegou à Terra 66 milhões de anos atrás a uma velocidade de 30 mil quilômetros por hora. Seu impacto com o oceano foi tão forte que lançou milhões de toneladas de rochas ao espaço. Horas depois, essas rochas voltaram à Terra como uma grande chuva incandescente, causando uma imensa fogueira global. Em poucas horas florestas foram destruídas e bilhões de animais morreram queimados.

Enquanto isso, um imenso vulcanismo acontecia na Índia, que, naquele tempo, era uma grande ilha que se deslocava lentamente pelo oceano Índico em direção à Ásia. Milhões de toneladas de gases contaminaram o mundo todo e a fumaça escureceu o céu. Com a falta de luz, as plantas não conseguiram sobreviver, os dinossauros herbívoros ficaram sem ter o que comer, e os carnívoros também.

Como o calor do sol não chegava à Terra como antes, os oceanos esfriaram e boa parte da vida marinha também foi extinta.

Foi muito duro, mas foi assim.

Você sabia?

A maior cratera produzida por um asteroide conhecida na América do Sul fica no Brasil, na divisa dos estados de Mato Grosso e Goiás. Ela se chama Cratera de Araguainha, tem 40 km de diâmetro e 254 milhões de anos de idade.

curiosidades

O gigantesco asteroide caiu onde hoje fica o Golfo do México. A cratera com 180 quilômetros de diâmetro ainda existe e foi batizada com o nome de um povoado da região, Chicxulub. Entretanto, depois de 66 milhões de anos, a metade que está no continente foi praticamente apagada pela erosão. A outra metade está cheia de sedimentos debaixo do Oceano Atlântico.

28 Almanaque dos dinossauros

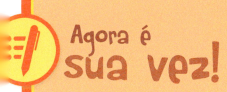

Agora é sua vez!

COMO FAZER UMA CRATERA?

Nesta brincadeira você verá como o impacto de um asteroide pode ser capaz de lançar rochas ao espaço.

VOCÊ VAI PRECISAR DE:

- uma vasilha
- leite em pó
- chocolate em pó
- uma bolinha de gude (desinfetada)

INSTRUÇÕES:

Primeiro teste: Faça uma camada de leite em pó com 2 centímetros de espessura no fundo da vasilha. Segure uma bolinha de gude e solte-a sobre o fundo de leite em pó. Observe a cratera.

Segundo teste: Nivele a camada de leite em pó e cubra completamente com uma fina camada de chocolate em pó, sem misturar. Segure a bolinha de gude e solte-a, do alto, sobre a vasilha. Observe a cratera. Note que, com a camada de chocolate, fica visível todo o material ejetado pelo impacto.

Quando a brincadeira terminar, prepare um delicioso chocolate para beber com os amigos.

Almanaque dos dinossauros

Você sabia?

Ao redor de algumas crateras lunares é possível observar os raios do material ejetado como, por exemplo, na jovem cratera de Tycho. Crateras sem raios aparentes são mais antigas. Os raios ficam invisíveis porque o intemperismo espacial deixa as rochas mais escuras.

30 Almanaque dos dinossauros

OS ÚLTIMOS DINOSSAUROS DA ERA MESOZOICA

Os paleontólogos estimam que de 600 a 1.000 espécies de dinossauros existiam em todo o mundo quando o grande asteroide caiu na Terra, 66 milhões de anos atrás. Dentre eles estavam o Tiranossauro rex, o Tricerátopo, o Torossauro, o Anquilossauro e o Paquicefalossauro.

No Brasil, é possível que dinossauros como Uberabatitã, Trigonossauro, Adamantissauro e Maxacalissauro tenham morrido na grande extinção. Foram os últimos da Era Mesozoica a viver por aqui.

Almanaque dos dinossauros

Você já viu um dinossauro hoje?

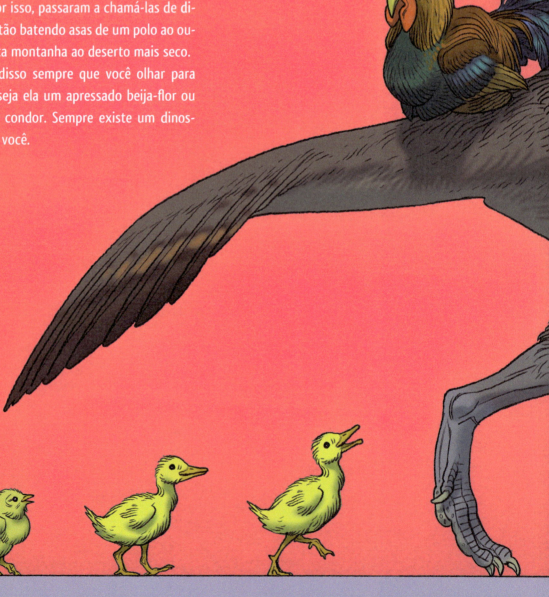

De uns anos para cá, os paleontólogos afirmam que a maioria dos dinossauros, mesmo velhos conhecidos como o Ovirráptor e o Velocirráptor, tinha penas. E ainda dizem mais: as 400 bilhões de aves que hoje voam pelo mundo são dinossauros verdadeiros! Por isso, passaram a chamá-las de di-noaves. Elas estão batendo asas de um polo ao outro, da mais alta montanha ao deserto mais seco.

Lembre-se disso sempre que você olhar para qualquer ave, seja ela um apressado beija-flor ou um imponente condor. Sempre existe um dinossauro perto de você.

Você sabia❓❓❓

Dos quatro grandes ramos dos animais vertebrados, apenas alguns répteis e um grupo de mamíferos aprenderam a voar: os pterossauros e as dinoaves (répteis) e os morcegos (mamíferos). Alguns peixes e anfíbios conseguem apenas planar.

Aves e dinossauros têm muitas coisas em comum:

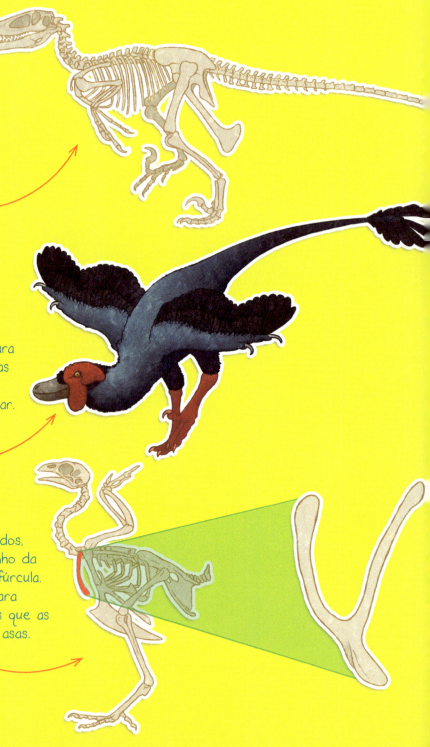

1. Esqueletos leves

Ossos delgados e ocos deixavam o esqueleto do Deinonico mais leve, assim como nas aves.

2. Penas eram usadas para manter o corpo aquecido, para chamar a atenção das fêmeas na época do acasalamento, como camuflagem e para voar.

Dinossauro raptor do Brasil, do período Cretáceo.

3. Ossos da clavícula unidos, que você chama de ossinho da sorte e os cientistas de fúrcula. Ela é muito importante para apoiar os fortes músculos que as aves usam para bater as asas.

Esqueleto de galinha.

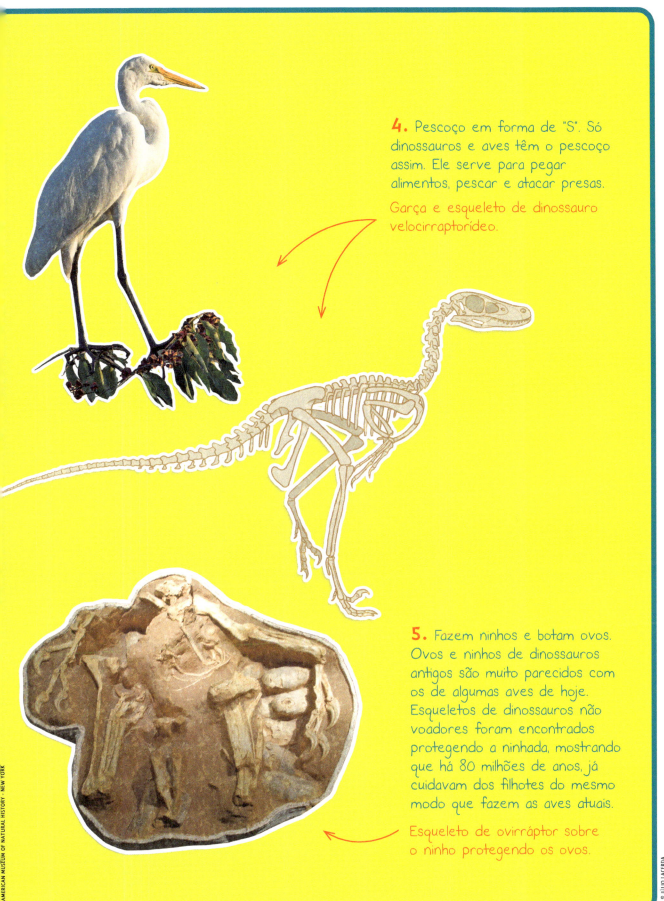

4. Pescoço em forma de "S". Só dinossauros e aves têm o pescoço assim. Ele serve para pegar alimentos, pescar e atacar presas.

Garça e esqueleto de dinossauro velocirraptorídeo.

5. Fazem ninhos e botam ovos. Ovos e ninhos de dinossauros antigos são muito parecidos com os de algumas aves de hoje. Esqueletos de dinossauros não voadores foram encontrados protegendo a ninhada, mostrando que há 80 milhões de anos, já cuidavam dos filhotes do mesmo modo que fazem as aves atuais.

Esqueleto de ovirráptor sobre o ninho protegendo os ovos.

curiosidades

Um pequeno dinossauro voador chamado Arqueoptérix foi encontrado na Alemanha, em rochas do Período Jurássico, com 150 milhões de anos. Esse dinossauro é a mais antiga dinoave conhecida. Era um animal muito parecido com o ancestral de todas as aves, metade dinoave, metade dino não voador.

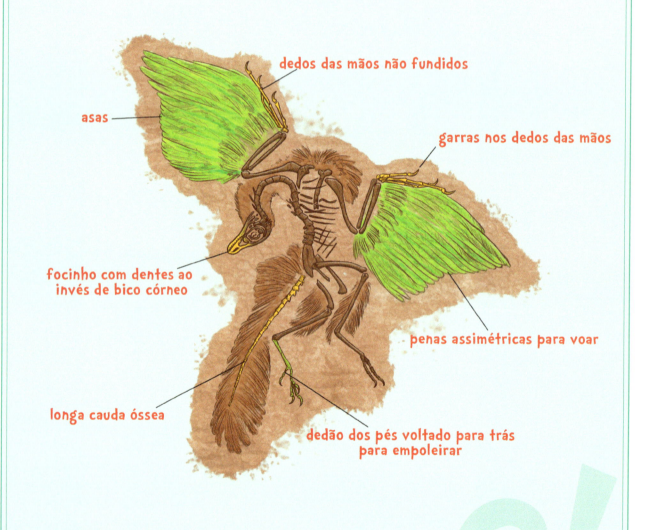

- asas
- dedos das mãos não fundidos
- garras nos dedos das mãos
- focinho com dentes ao invés de bico córneo
- penas assimétricas para voar
- longa cauda óssea
- dedão dos pés voltado para trás para empoleirar

● Características de aves modernas
● Características de dinossauros não voadores

© JÚLIO LACERDA

36 Almanaque dos dinossauros

Esqueletos ocos, como assim?

Ossos ocos já foram encontrados em esqueletos de gigantescos dinossauros pescoçudos, mas eram comuns nos carnívoros terópodes. Na realidade, seu interior se parecia com uma esponja de banho, com finas colunas e, entre elas, grandes cavidades. Apesar disso, eram muito resistentes. Os paleontólogos acreditam que algumas dessas cavidades, chamadas de **sacos aéreos**, seriam cheias de ar, assim como os ossos das aves de hoje. Essa quantidade extra de ar permitia que o dinossauro respirasse mais oxigênio e queimasse mais energia por mais tempo sem se cansar. Ossos ocos deixavam os dinossauros caçadores mais leves e, por isso, bem mais velozes. Foi com esse esqueleto leve, a respiração mais eficiente, a redução do tamanho, e, claro, as penas, que alguns dinossauros conseguiram voar, dando origem às aves, no Período Jurássico.

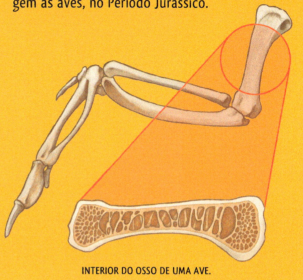

INTERIOR DO OSSO DE UMA AVE.

A colorida invenção das penas

Pode ser que sim, mas também pode ser que não, os paleontólogos ainda descobrirão se todos os dinossauros tinham penas. Penas e plumas são difíceis de fossilizar e, por isso, é complicado saber se elas existiram em todos os dinossauros. Muitos esqueletos já foram encontrados com penas fossilizadas, ou então com as marcas deixadas por elas nos ossos. O primeiro dinossauro encontrado com penas foi o Arqueoptérix. Até agora, foram encontradas quase 100 espécies de dinossauros não voadores com penas fossilizadas.

Pena tubular — Pena ramificada — Pena com eixo central — Pena para voo — Pena de barbas soltas

Almanaque dos dinossauros 37

Voltando no tempo

O primeiro dinossauro a ter as cores conhecidas foi o Sinossauropterix. Ele tinha penas brancas no peito, marrom-claras nas costas e uma charmosa cauda listrada com essas duas cores.

Colorindo os dinossauros

No passado os paleontólogos acreditavam que o grande número de células encontradas nas penas de dinossauros seriam bactérias fossilizadas. Anos mais tarde fizeram uma grande descoberta: aquelas não eram bactérias, mas sim melanossomos, células especiais que, conforme suas posições e formas, determinam as cores da pele, dos pelos e das penas de todos os animais. Quando os melanossomos são arredondados e bagunçados indicam uma cor, se são longos e ordenados indicam outra. Comparando os melanossomos das penas das aves atuais e das penas fósseis, os paleontólogos decifraram as verdadeiras cores dos dinossauros.

As penas foram muito úteis para os dinossauros, mesmo antes que pudessem voar.

Filamentos, plumas e penas são feitos de queratina, um ótimo isolante térmico. Como casacos, revestiam o corpo dos dinossauros impedindo que perdessem calor, e assim economizavam energia.

Penas funcionam como os pelos que cobrem os mamíferos. Assim como carros e caminhões, os bichos precisam se aquecer e economizar energia para "funcionar". Quem nunca viu uma mariposa batendo as asas, colada a uma lâmpada? Ou uma borboleta de asas abertas tomando sol? Elas estão aquecendo os "motores".

curiosidades

Nós, mamíferos, mantemos a temperatura do nosso corpo constante durante toda a vida: cerca de 37 graus Celsius. Já os crocodilos são animais de sangue frio porque não mantêm a temperatura constante. As aves são como os mamíferos, mas seu corpo funciona a 42 graus Celsius.

E os dinossauros? Evidências, como a presença de penas, o crescimento rápido e os esqueletos encontrados em regiões muito frias do passado indicam que alguns dinos eram capazes de manter constante a temperatura corporal. Os dinossauros muito grandes mantinham a temperatura constante apenas por causa do seu tamanho: eram tão imensos que nem mesmo durante uma longa noite de sono seus corpos chegavam a esfriar.

Você sabia?

A primeira pena fóssil a ter seu padrão de cores descoberto foi encontrada no Ceará, Brasil, em rochas com 115 milhões de anos de idade.

Almanaque dos dinossauros 39

Os dinos do Brasil

Você sabia??
O primeiro dinossauro conhecido no Brasil, o Estauricossauro, foi descoberto em 1937 pelo paleontólogo brasileiro Llewellyn Ivor Price.

Nunca, *never*, jamais saberemos quantos dinossauros viveram no Brasil, nem na China, nem no mundo inteiro. Eles perambularam por aqui durante 165 milhões de anos, isso sem contar os 66 milhões da existência de seus descendentes, as aves. Somando tudo são 231 milhões de anos. É tempo demais!

Pense no que está acontecendo hoje no pantanal do Mato Grosso: nessa região a crosta terrestre está afundando vagarosamente e, a cada mil anos, milímetros de sedimentos são depositados ali. No restante do Brasil, está acontecendo o contrário: em vez de acumular sedimentos, as rochas estão sendo destruídas pela erosão.

Quando os sedimentos não se acumulam, nada de fósseis. Daqui a alguns milhões de anos os paleontólogos que andarem pelas terras brasileiras encontrarão somente os fósseis dos animais que vivem hoje no Pantanal. Todo o restante, as cidades, as florestas, as estradas e as cataratas, será apagado pela erosão e levado até o mar pelos rios. É só uma questão de tempo até que tudo desapareça.

- Manirraptor
- Teiuvasu
- Saturnalia
- Pampadromeus
- Estauricossauro

Conheça alguns dinos brasileiros

Nome científico:
Buriolestes schultzi

Buriolestes foi um dinossauro pequenino, porém um dos mais velozes e antigos do mundo.

Dinossauro Saurísquio
230 milhões de anos
1,2 metro de comprimento
Carnívoro
Foi encontrado no Rio Grande do Sul

Nome científico:
Saturnalia tupiniquim

O esqueleto do Saturnália foi encontrado na época do carnaval. Por isso ele ganhou esse nome, que significa carnaval.

Dinossauro Saurísquio
225 milhões de anos
1,5 metro de comprimento
Onívoro (comia plantas e pequenos animais)
Foi encontrado no Rio Grande do Sul

Nome científico:
Staurikosaurus pricei

O Estauricossauro é o primeiro dinossauro conhecido no Brasil.

Dinossauro Saurísquio
225 milhões de anos
2 metros de comprimento
Carnívoro
Foi encontrado no Rio Grande do Sul

Nome científico:
Dinossauro Ornitísquio

No interior da Paraíba foi encontrada uma longa trilha com pegadas de um dinossauro ornitópode.

- 135 milhões de anos
- 7 metros de comprimento
- Herbívoro
- Foi encontrado na Paraíba

Nome científico:
Irritator challengeri

Irritator tem este nome porque as pessoas que encontraram seu esqueleto bagunçaram os ossos, e isso deixou os paleontólogos muito irritados.

- Terópode Espinossaurídeo
- 115 milhões de anos
- 8 metros de comprimento
- Carnívoro
- Foi encontrado no Ceará

Nome científico:
Santanaraptor placidus

Santanarráptor foi primo distante do mais famoso dinossauro, o Tiranossauro rex.

- Terópode Celurossauro
- 115 milhões de anos
- 1 metro de comprimento
- Carnívoro
- Foi encontrado no Ceará

© JÚLIO LACERDA

O Amazonsauro foi encontrado quando um paleontólogo tropeçou em seus ossos na margem de um rio.
Saurópode Diplodocídeo
100 milhões de anos
10 metros de comprimento
Herbívoro
Foi encontrado no Maranhão

Nome científico:
Amazonsaurus maranhensis

Nome científico:
Oxalaia quilombensis

Oxalaia é o maior dinossauro carnívoro conhecido no Brasil. Como seus primos Irritator e Angaturama, era também pescador.
Terópode Espinossaurídeo
100 milhões de anos
13 metros de comprimento
Carnívoro
Foi encontrado no Maranhão

Nome científico:
Pycnonemosaurus nevesi

Dinossauros abelissaurídeos como Picnonemossauro foram nossos grandes predadores do final do Período Cretáceo. Tinham braços minúsculos e apavoraram por alguns milhões de anos os finais de tarde de nossas terras.
Terópode Abelissaurídeo
70 milhões de anos
9 metros de comprimento
Carnívoro
Foi encontrado no Mato Grosso

Nome científico:
Adamantisaurus mezzalirai

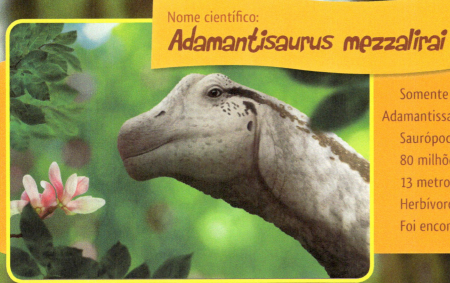

Somente alguns ossos da cauda do Adamantissauro foram descobertos.
Saurópode Titanossaurídeo
80 milhões de anos
13 metros de comprimento
Herbívoro
Foi encontrado em São Paulo

Nome científico:
Tapuiasaurus macedoi

Tapuiassauro viveu no mesmo lugar onde, milhões de anos mais tarde, viveram os índios Tapuia.
Saurópode Titanossaurídeo
110 milhões de anos
12 metros de comprimento
Herbívoro
Foi encontrado em Minas Gerais

Nome científico:
Maniraptor

Somente uma garra deste dinossauro manirráptor foi encontrada.
Terópode Maniraptor
70 milhões de anos
2 metros de comprimento
Carnívoro
Foi encontrado em Minas Gerais

Almanaque dos dinossauros 47

Histórias

e curiosidades sobre dinossauros

Se considerarmos somente a Era Mesozoica, os dinossauros viveram por 165 milhões de anos, um número tão grande que você gastaria nove anos da sua vida contando sem parar.

Tanto tempo se passou que, enquanto dinos gigantes do Período Cretáceo viviam, os mais antigos estavam fossilizados, e já faziam parte da pré-história dos próprios dinossauros. Nesse período quase infinito, muita coisa aconteceu, e vários mistérios foram deixados nas rochas para os paleontólogos.

À medida que esses mistérios são resolvidos, surgem boas e divertidas histórias para contar, recordes espantosos são estabelecidos e depois quebrados por novas descobertas, e quebra-cabeças de ossos supercomplicados vão se encaixando, revelando como esses animais eram maravilhosos.

Entretanto, alguns enigmas seguem indecifráveis e provocam nossa imaginação a ponto de inventarmos lendas e mitos sobre eles. No futuro, a pesquisa e a persistência dos cientistas nos ajudarão a compreender o que realmente aconteceu.

PEQUENAS GRANDES HISTÓRIAS DA PRÉ-HISTÓRIA

O primeiro esqueleto de Ovirráptor foi encontrado perto de um ninho cheio de ovos fossilizados. Por causa do grande bico e de um ossículo no céu da boca que lembra um dente, os paleontólogos pensaram que ele havia morrido quando tentava roubar os ovos. Foi por isso que o chamaram de Ovirráptor, que significa "ladrão de ovos". Eles não sabiam que, anos mais tarde, encontrariam um novo ninho de Ovirráptor, só que dessa vez o animal estava deitado sobre o ninho. Analisaram os ovos por meio de um exame de raio-X e descobriram que, dentro deles, havia embriões do próprio Ovirráptor. Eles se enganaram: a verdadeira história é que a mãe estava protegendo seus ovos quando morreu. Esses dinos viveram num deserto que existiu há 75 milhões de anos, na região onde hoje fica a Mongólia. Você sabe onde fica a Mongólia?

Você sabia?

Ovos de dinossauros são raros no Brasil. Os mais bem preservados foram encontrados em Peirópolis, Minas Gerais, e podem ter pertencido ao titanossauro Uberabatitã.

O Irritator tem esse nome curioso porque os paleontólogos ficaram muito irritados quando viram o que os trabalhadores de uma pedreira fizeram com um crânio de quase 1 metro de comprimento que haviam encontrado. Eles esculpiram o fóssil para deixá-lo "mais bonito". Nada irrita mais um paleontólogo do que alguém que não entende nada do assunto mexer num fóssil. Se você encontrar um, mesmo parecendo feio, não o retire da rocha. Chame logo um paleontólogo de uma universidade e aprenda com ele o que deve ser feito. Quem sabe o paleontólogo batize o dinossauro com o seu nome?

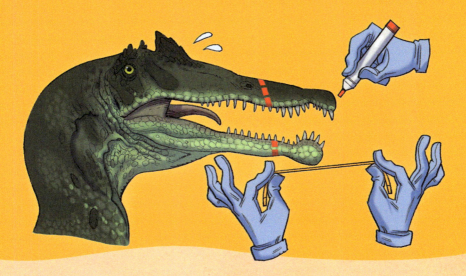

A história do Sacissauro, um primo dos dinos, talvez seja a mais maluca. Enquanto paleontólogos procuravam esqueletos de dinossauros no Rio Grande do Sul, uma coisa misteriosa aconteceu. Junto de uma ossada, encontraram o fêmur de uma perna direita. Tá, e daí? E daí que não seria nada demais se eles não tivessem encontrado outro fêmur de perna direita. E um terceiro, um quarto, um quinto, até coletarem 19 fêmures direitos e nenhum esquerdo! Aconteceu algo com esse bicho que ninguém ainda conseguiu explicar, pois nunca existiu dinossauro nem qualquer outro bicho de uma perna só. Entendeu agora porque os cientistas deram esse nome para ele?

Almanaque dos dinossauros 51

O CORPO DE UM DINOSSAURO

Dinossauros tinham o corpo como a maioria dos vertebrados terrestres: cabeça, tronco, quatro patas e uma cauda. Conheça a anatomia básica de um Tiranossauro rex:

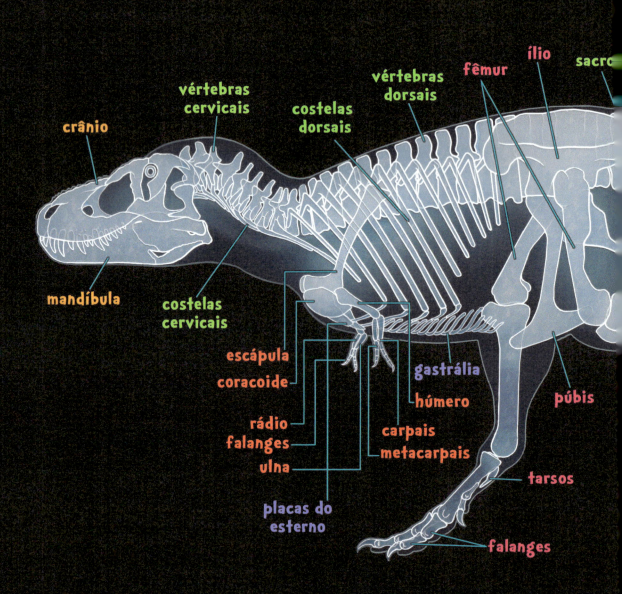

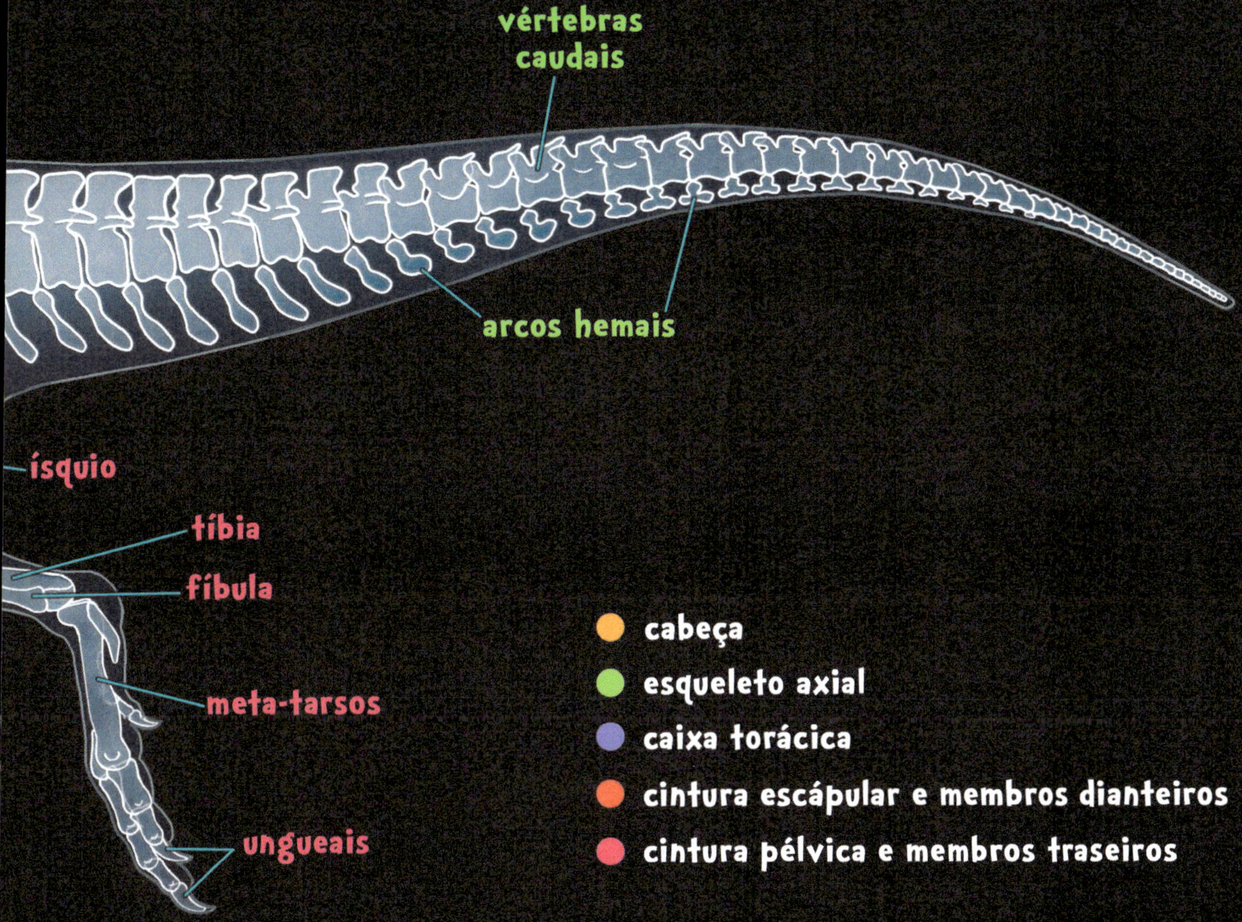

vértebras caudais

arcos hemais

ísquio

tíbia

fíbula

meta-tarsos

ungueais

- cabeça
- esqueleto axial
- caixa torácica
- cintura escápular e membros dianteiros
- cintura pélvica e membros traseiros

Alguns acessórios tornavam diferentes os dinos carnívoros dos herbívoros.

HERBÍVOROS

NOME: Estegossauro
CARACTERÍSTICA: Placas para proteção contra mordidas e espinhos na cauda para perfurar.

NOME: Estiracossauro
CARACTERÍSTICA: Chifre e coroa com espinhos para fe quando atacado

NOME: Parassaurolofo
CARACTERÍSTICA: Crista para produzir sons.

NOME: Titanossauro
CARACTERÍSTICA: Garras para defender e cavar ninhos.

CARNÍVOROS

NOME: Ceratossauro
CARACTERÍSTICA: Chifres fortes e pontiagudos na cabeça para atacar.

NOME: Espinossauro
CARACTERÍSTICA: Vela nas costas para nadar melhor e se exibir.

54 Almanaque dos dinossauros

NOME: Paquicefalossauro
CARACTERÍSTICA: Cabeça dura para bater forte.

NOME: Titanossauro
CARACTERÍSTICA: Bolotas nas costas para armazenar líquidos nutritivos e como defesa. Cauda longa e fina para chicotear.

NOME: Braquiossauro
CARACTERÍSTICA: Pescoço longo para alcançar alimentos no alto das árvores e no interior dos bosques.

NOME: Anquilossauro
CARACTERÍSTICA: Espinhos nas costas e clava na cauda para defesa.

NOME: Australovenator
CARACTERÍSTICA: Garras longas para agarrar e cortar presas.

NOME: Dilofossauro
CARACTERÍSTICA: Crista sobre o focinho para demarcar o território e identificar a espécie. Dentes serrilhados para perfurar e arrancar pedaços da presa.

Almanaque dos dinossauros

Feliz aniversário!

É possível saber a idade de um dinossauro contando os anéis de crescimento em seus ossos. O problema é que esses anéis nem sempre estão visíveis devido às transformações sofridas pelo osso durante a fossilização. Sabemos, por exemplo, que dinossauros herbívoros viviam mais do que os carnívoros. Grandes dinossauros herbívoros, como Argentinossauro e Diplodoco, podem ter chegado a 80 anos de idade. Já um grande carnívoro, como o Tiranossauro rex, vivia cerca de 30 anos. Pequenos dinossauros carnívoros podiam chegar aos 20 anos, a mesma idade de uma águia.

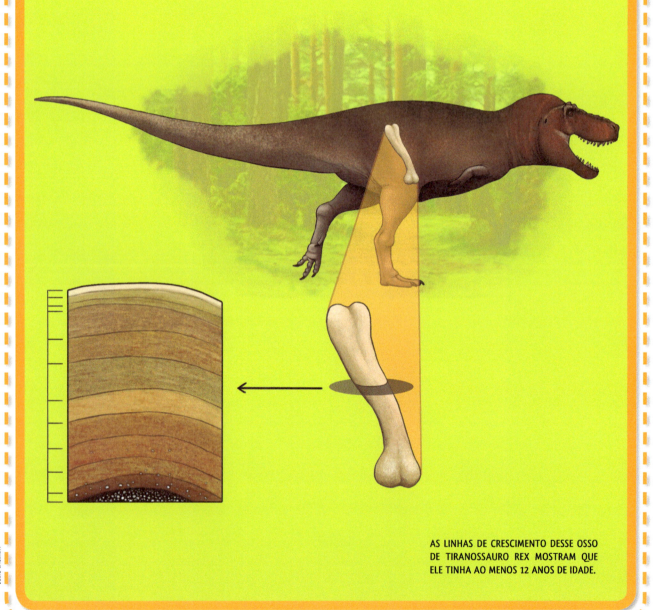

AS LINHAS DE CRESCIMENTO DESSE OSSO DE TIRANOSSAURO REX MOSTRAM QUE ELE TINHA AO MENOS 12 ANOS DE IDADE.

DINOINTELIGÊNCIA

É impossível voltar no tempo e aplicar um teste de QI (Quociente de Inteligência) nos dinossauros. Alguns paleontólogos usam uma fórmula que considera o peso do cérebro e do corpo para medir o grau de esperteza dos dinos, a mesma com que avaliam a inteligência dos animais de hoje. O resultado tem um nome meio complicado, que é **Cociente de Encefalização (CE).** Muita gente pensa que basta ter cérebro grande para ser esperto, mas a história não é bem assim. Para os cientistas isso não importa. O cérebro da baleia cachalote é bem grande (pesa cerca de 8 quilos), mas, quando comparado ao enorme tamanho do seu corpo, fica bem pequeno.

Nosso cérebro pesa apenas cerca de 1,2 quilo, mas, em relação ao tamanho do nosso corpo, o cérebro humano torna-se grande. Por isso, somos os seres mais inteligentes do mundo animal, com CE recorde de 7,6!

O golfinho tem CE igual a 4,1. O de um cachorro é 1,2 e de um gato é 1. E os dinossauros?

A esperteza dos grandes dinos herbívoros variava de 0,2 até 1,5, uma inteligência que ficava entre a de uma baleia cachalote e de um cachorro muito inteligente. Dinossauros carnívoros como o Troodonte e o Velocirráptor só não eram mais espertos que os humanos, com um CE que chegava a 5. Isso significa que eram mais inteligentes do que um golfinho e duas vezes mais espertos do que um chimpanzé. Será que teria existido a Universidade dos Dinossauros se eles fossem um pouco mais inteligentes?

MITOS (MENTIRAS MESMO!) SOBRE OS DINOS

Os dinossauros estão extintos.

Mito. Eles vivem até hoje. As aves são dinossauros terópodes que aprenderam a voar.

Dinossauros eram todos gigantescos.

Mito. A maioria dos dinossauros era pequena. O tamanho médio não era maior do que o de um ser humano. Grandes dinossauros são mais fáceis de encontrar porque seus ossos se fossilizam com mais frequência, daí acharmos que todos eram grandalhões.

Existiram dinossauros venenosos.

Mito. Logo que descoberto, o Sinornitossauro foi considerado um dinossauro venenoso. Achavam que nas cavidades da mandíbula existiam glândulas de veneno, como nas serpentes de hoje. Mais tarde, outros paleontólogos perceberam que tudo aquilo não passava de um engano.

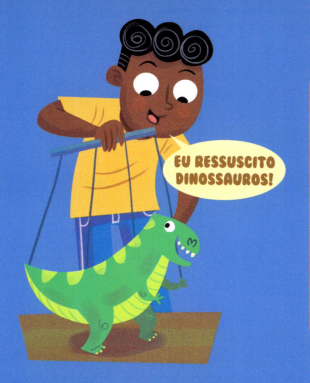

curiosidades

No filme *O Parque dos Dinossauros*, cientistas revivem um Tiranossauro rex extraindo uma amostra de seu DNA de um inseto fossilizado que o havia picado. Mas isso é pura fantasia de cinema.

É possível ressuscitar um dinossauro extinto.

Mito. É impossível. Com o passar dos anos a molécula de DNA se dissolve na água, enzimas a degradam, e bactérias a destroem. Os cientistas calcularam que, em ótimas condições de fossilização, o DNA se desfaria em 521 anos. A receita dos dinossauros — o seu DNA — foi destruída há mais de 66 milhões de anos. Logo, eles jamais serão ressuscitados. Nem aqui, nem na China! Serão vistos para sempre somente nos museus, nos livros e no cinema.

Dinossauros viviam na água.

Mito. Entrar na água todo mundo entra, mas morar lá é bem diferente. Durante todo o tempo em que os dinossauros viveram, os rios, mares e oceanos estavam repletos de répteis aquáticos que poderiam atacá-los. Entrar na água era uma fria até mesmo para os dinos que precisavam buscar peixes para comer, como faziam o Angaturama, que vivia no Brasil, o africano Espinossauro e o inglês Barionix. Os dinossauros nunca abandonaram a terra firme.

Você sabia?

Os répteis aquáticos Ictiossauro, Plesiossauro e Mosassauro eram gigantescos e uma perigosa ameaça para os dinossauros.

Dinorrecordes

O dinossauro mais antigo

Existem controvérsias, mas o argentino **Eorráptor** ainda é considerado o mais antigo. Ele viveu no Período Triássico cerca de 231 milhões de anos atrás.

Alguns paleontólogos acreditam que **Niasassauro** seja mais velho, pois foi encontrado na África em rochas com 245 milhões de anos. Porém, eles não têm certeza se **Niasassauro** era um dinossauro de fato, pois somente sete pequenos fragmentos do seu esqueleto foram encontrados.

O dinossauro mais antigo do Brasil é o **Pampadromeus**, que viveu 230 milhões de anos atrás.

60 Almanaque dos dinossauros

O maior e mais pesado dinossauro herbívoro...

O **Argentinossauro** e o Patagotitã, encontrados na Argentina, chegavam a 40 metros de comprimento e 100 toneladas, o peso de 14 grandes elefantes africanos!

No Brasil, o **Austroposseidon** tem o recorde, com 25 metros de comprimento e 30 toneladas, o peso de apenas quatro elefantes africanos.

... e o herbívoro menor e mais leve

Pisanossauro, também encontrado na Argentina, é o menor dinossauro herbívoro conhecido, com 1 metro de comprimento e cerca de 9 quilos.

Almanaque dos dinossauros 61

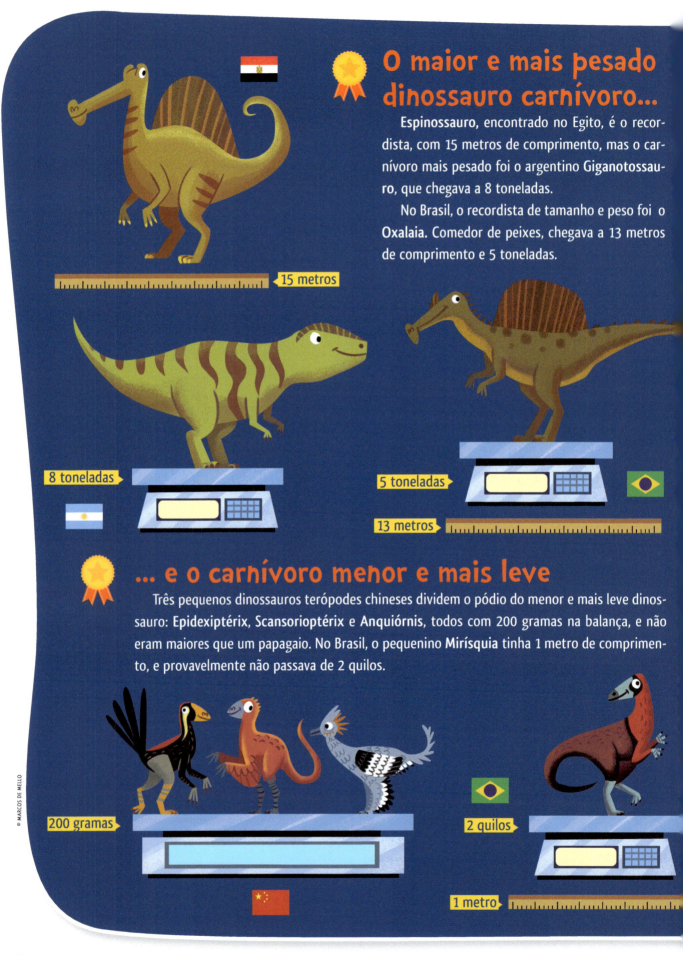

O maior e mais pesado dinossauro carnívoro...

Espinossauro, encontrado no Egito, é o recordista, com 15 metros de comprimento, mas o carnívoro mais pesado foi o argentino **Giganotossauro**, que chegava a 8 toneladas.

No Brasil, o recordista de tamanho e peso foi o **Oxalaia**. Comedor de peixes, chegava a 13 metros de comprimento e 5 toneladas.

... e o carnívoro menor e mais leve

Três pequenos dinossauros terópodes chineses dividem o pódio do menor e mais leve dinossauro: **Epidexiptérix**, **Scansorioptérix** e **Anquiórnis**, todos com 200 gramas na balança, e não eram maiores que um papagaio. No Brasil, o pequenino **Mirísquia** tinha 1 metro de comprimento, e provavelmente não passava de 2 quilos.

O mais veloz e o mais lento

Acelera dininho! Os paleontólogos acreditam que o dinossauro mais veloz foi o **Ornitomimo**, que viveu na América do Norte por volta de 70 milhões de anos atrás. Ele chegava a 70 quilômetros por hora, quase o dobro da velocidade do atual campeão mundial dos 100 metros rasos. Não é por menos que seu nome completo é Ornitomimo velox.

Os cientistas ainda têm dúvidas se **Argentinossauro** era mesmo o dinossauro mais lento. Argentinossauro era pesado demais. Com quase 100 toneladas, dificilmente passaria de 7 quilômetros por hora. No entanto, pegadas de outros grandes dinossauros herbívoros, encontradas na Argentina, mostraram que alguns deles caminhavam a pouco mais de 2 quilômetros por hora. Mas ninguém sabe ao certo se estavam apenas fazendo uma caminhadinha.

No Brasil, o dinossauro mais veloz pode ter sido **Pampadromeus**, cujo nome significa "o corredor dos pampas". Paleontólogos brasileiros calcularam seu peso em 2,5 quilos, mas sua velocidade correta ainda é um mistério.

Almanaque dos dinossauros 63

curiosidades

 ## Como medir a velocidade dos dinossauros

Uma das formas para medir a velocidade dos dinossauros é comparar trilhas semelhantes de pegadas deixadas por eles com trilhas de animais atuais, dos quais sabemos a velocidade. Por exemplo, observando a trilha deixada por um elefante e um dinossauro quadrúpede, ou por um avestruz e um dinossauro bípede, como o Galimimo.

Outro modo é usar uma fórmula e fazer contas para saber se o animal estava andando, trotando ou correndo. Para isso é preciso:

1. Medir o comprimento da pegada (CP).
2. Calcular a altura da cintura multiplicando o tamanho da pegada por 4 (AC).
3. Medir a distância entre duas pegadas (DP).
4. Dividir a distância entre as pegadas pela altura da cintura (DP/AC).

Esse método também funciona para dinossauros quadrúpedes. Nesse caso, devem ser consideradas apenas as marcas deixadas pelas patas traseiras.

Confira abaixo o cálculo para as pegadas de dinossauro encontradas em rochas brasileiras. Se o resultado fosse menor que 2, indicaria que o animal estava andando; entre 2,0 e 2,9, trotando; e se fosse maior que 2,9, correndo.

Animal	Comprimento da pegada (CP)	Altura da cintura (AC)	Distância entre duas pegadas (DP)	Divida DP por AC	Resultado
Dinossauro terópode	4 cm	16 cm	27 cm	27/16	1,7 = trotando

Agora é sua vez!

Vá correndo brincar!

Agora, corra por um caminho de areia, tome as medidas das pegadas que você deixou, e faça as suas contas.

Para se divertir ainda mais, copie o esquema ao lado numa folha de papel e preencha com as medidas exatas deixadas no cimento ou na areia por animais bípedes, como um passarinho ou uma pessoa. Faça suas contas e veja se estavam andando, trotando ou correndo.

Você sabia?

Os dinossauros também podem ser identificados pela forma e tamanho de suas pegadas.

TERÓPODE ORNITÓPODE PROSSAURÓPODE SAURÓPODE ANQUILOSSAURO ESTEGOSSAURO TRICERÁTOPO

Almanaque dos dinossauros 65

O dinossauro mais completo

Dinossauros pequeninos eram rapidamente cobertos por sedimentos, por isso costumam ser encontrados completos, com todos os ossos, garras, dentes e penas. Já com os dinossauros grandes, muitos anos poderiam se passar até que seus esqueletos estivessem inteiramente cobertos. Nesse longo tempo, os ossos menores poderiam ser carregados pela água ou por outros animais que mexiam nos corpos e pisoteavam os esqueletos.

Mas o dinossauro mais completo e sensacional é o Leo, o dinomúmia. Não somente seus ossos foram petrificados, mas também o coração, o estômago, o fígado, o intestino, os pulmões, os músculos e as impressões da pele, além do bico em seu focinho. Tudo ficou conservado! Leo foi um Braquilofossauro que viveu há 78 milhões de anos na América do Norte.

Leo

Saiba mais

No Brasil, nenhum esqueleto teve mais de 50% dos ossos encontrados. O Tapuiassauro teve a parte mais importante do corpo preservada, o crânio.

Você sabia?

360 ossos da Estegossaura Sofie foram localizados, o que corresponde a 65% do total, o mais completo estegossauro já descoberto. Um Estegossauro pode ter entre 450 a 700 ossos! Um humano adulto possui apenas 206.

Os mais famosos

Muitos dinossauros se tornaram célebres, especialmente por causa do tamanho, mas também porque viraram estrelas de cinema.

Tiranossauro rex é o mais famoso. Ele viveu nos Estados Unidos entre 70 e 66 milhões de anos atrás. O primeiro exemplar da espécie foi descoberto em 1902. Arqueoptérix é o segundo mais famoso. Ele não era maior que uma pomba, mas se tornou uma celebridade por ser o primeiro dinossauro descoberto com penas e o mais antigo dinossauro voador.

Dinonúmeros

Conhecemos cerca de 1.000 espécies de dinossauros, mas nunca saberemos exatamente quantos dinos existiram. Os paleontólogos acreditam que foram cerca de 2.500 espécies durante os 165 milhões de anos da Era Mesozoica. Existem perto de 195 países no mundo, mas somente em torno de 70 foram encontrados esqueletos ou pegadas de dinos. Os Estados Unidos são os campeões em número de espécies encontradas, com quase 270. Entre os lanterninhas estão o Tibete, com duas, e a Tunísia, com apenas uma.

Almanaque dos dinossauros 67

PAISAGENS DA ERA DOS DINOSSAUROS

No tempo dos dinossauros, existiam, em todo o mundo, cadeias de montanhas, vulcões, continentes, oceanos, rios, lagos, desertos e florestas, mas bem diferentes dos atuais. Foram 165 milhões de anos e muita coisa aconteceu durante esse longo tempo.

No **Triássico**: florestas surgiram na região onde fica o Rio Grande do Sul, e, por isso, lá são encontrados restos de enormes troncos petrificados. Como as florestas sempre acolhem os animais, muitos fósseis, incluindo os mais antigos dinossauros, são encontrados em rochas desse período por lá.

No **Jurássico**: desertos cobriram quase todo o território brasileiro. Florestas, rios e lagos, ou seja, lugares onde os dinossauros adoravam viver, não havia muito por aqui. É também por isso que não existem esqueletos de dinossauros em rochas da idade jurássica no Brasil.

UMA CORDILHEIRA MAIOR E MAIS ALTA QUE O HIMALAIA ATRAVESSAVA O PANGEA DE UM LADO AO OUTRO, HAVIA DESERTOS NO INTERIOR DO CONTINENTE E FLORESTAS NOS POLOS. MUITOS VULCÕES ESTAVAM EM ATIVIDADE.

PARTE DOS DESERTOS DEU LUGAR A FLORESTAS. SEIS MESES AO ANO OS POLOS JÁ FICAVAM BRANQUINHOS COM A NEVE. OS VULCÕES CONTINUAVAM EM ERUPÇÃO.

68 Almanaque dos dinossauros

No **Cretáceo**: com o nascimento do Oceano Atlântico, as terras brasileiras tornaram-se um pouco mais úmidas nas regiões próximas do novo litoral. Nos pequenos oásis com alguma vegetação, os dinossauros encontraram sombra e água fresca. Por isso, 22 dos 28 dinossauros brasileiros conhecidos são de rochas dessa idade.

FLORESTAS CRESCERAM PELO MUNDO. MARES CONTINENTAIS COBRIRAM QUASE TODA A EUROPA E NORTE DA ÁFRICA, BOA PARTE DA AMÉRICA DO NORTE E UM PEDACINHO DA AMÉRICA DO SUL.

Animais do tempo dos dinossauros

Os dinossauros foram os animais mais comuns e poderosos durante boa parte da Era Mesozoica. No entanto, não foi sempre assim.

Logo que surgiram e nos 30 milhões de anos seguintes, os dinossauros compartilhavam o espaço com outros bichos. Naquele tempo existiam grandes predadores carnívoros como crocodilomorfos, Prestossucos e fitossauros, e também herbívoros como os aetossauros, rincossauros e Dinodontossauros.

Pequenos ancestrais dos mamíferos, como o Brasilodon, ladrões de ovos de dinossauros, também eram bastante comuns.

Os primeiros pterossauros, répteis voadores, também apareceram nesse período.

Enormes criaturas reptilianas vagavam pelos oceanos e rios no tempo dos dinossauros. Uma das maiores foi o temível Mosassauro, que podia chegar a 18 metros de comprimento.

Almanaque dos dinossauros 69

Dinossauros na Antártica?

A Antártica é um continente imenso com quase duas vezes o tamanho do Brasil, e nem sempre esteve congelada. Hoje, é um continente isolado, mas até meados do Período Jurássico estava unida ao resto do mundo e, por isso, muitos dinossauros puderam chegar até lá. No tempo dos dinossauros o clima era mais quente, e somente durante o inverno havia acúmulo de neve e de gelo. Em vez de geleiras, existiam grandes florestas onde os dinossauros e muitos animais viveram felizes. As geleiras que hoje cobrem a Antártica começaram a se formar por volta de 40 milhões de anos atrás, ou seja, 26 milhões de anos depois da extinção dos grandes dinossauros.

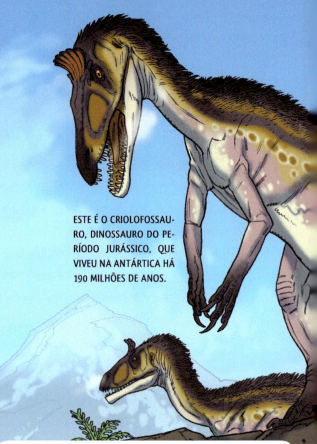

ESTE É O CRIOLOFOSSAURO, DINOSSAURO DO PERÍODO JURÁSSICO, QUE VIVEU NA ANTÁRTICA HÁ 190 MILHÕES DE ANOS.

© PIETRO ANTOGNIONI

Você sabia??
Existe mais água doce congelada na Antártica do que a soma de toda a água dos rios e lagos do mundo.

Pergunta congelante!
Além do Criolofossauro, outros quatro dinos já foram encontrados nas rochas congeladas da Antártica. Você é capaz de dizer quais são?

Resposta: Antarctopelta, Glacialissauro, Morrossauro e Trinissaura.
Agora repita os nomes em voz alta para seus amigos aprenderem!

Esqueletos no congelador

Muitas espécies de dinossauros devem ter vivido na Antártica, mas é impossível encontrar seus esqueletos. Sabe por quê?

Porque a Antártica, mesmo sendo um território gigante, com cadeias de montanhas e tudo, está quase toda coberta por uma imensa camada de gelo que atinge até quatro quilômetros de espessura. Somente 2% do continente não está coberto de gelo, e apenas nessas áreas é possível procurar fósseis. Explicado?

Mas os dinossauros ainda fazem sucesso por lá: cerca de 45 espécies de dinoaves visitam a Antártica todos os anos. São 7 espécies de pinguins e 38 de cormorões, albatrozes e petréis. Quase todos os animais terrestres, como as focas, os elefantes-marinhos e os leões-marinhos vão embora durante o inverno. Apenas a pomba antártica, o pinguim-de-adélia e o pinguim-imperador permanecem o ano inteiro: todos são dinoaves.

Predadores de dinossauros

Os dinossauros também tinham que se cuidar. Vários predadores os ameaçavam. Crocodilos eram seus maiores problemas, pois em todo o mundo existiam grandes crocodilos terrestres. No Brasil, o Baurussuco foi o maior crocodilo predador de dinossauros. Outros predadores viviam por aqui, como pterossauros e pequenos mamíferos marsupiais que atacavam ninhos de dinossauros durante a noite para roubar ovos ou filhotes recém-nascidos. Além disso, dinossauros comiam dinossauros. Assim como hoje, quando a fome apertava, não havia trégua entre animais selvagens. A vida não era fácil para os dinos.

Almanaque dos dinossauros 71

O sítio paleontológico

Um paleontólogo nunca trabalha sozinho. No sítio paleontológico o trabalho é feito em equipe por professores, pesquisadores e alunos. Esqueletos conservados por milhões de anos precisam ser cuidadosamente retirados das rochas. Nada é feito com pressa. O sítio paleontológico pode parecer desarrumado, mas tudo ali tem seu lugar e utilidade, desde as ferramentas, até os restos das rochas sem fósseis, chamados de rejeito. Uma exploração pode durar meses e os dias de trabalho são sempre longos e cansativos. Além disso, toda a equipe dorme em tendas e se alimenta de um jeito bem diferente de casa. Mas quem ama os dinos não se importa com nada disso.

O QUE É QUE TEM NA MOCHILA DO PALEONTÓLOGO?

Ela pode ser muito grande e pesada, principalmente se o paleontólogo for do tipo prevenido. Ele precisará de outra pequena mochila para saídas demoradas do acampamento. Nunca, jamais, em hipótese alguma, vá sozinho para o campo ou sem um mapa. Uma rocha que rola do alto de um penhasco, vespas, uma cobra, a escuridão, ou a falta de água podem colocar um fim trágico à expedição. Acompanhado, você terá sempre ajuda de alguém. Lembre-se de que na volta haverá o peso extra das rochas e fósseis para carregar.

Caderneta de campo.
Para desenhar: o mapa da região, o caminho para o sítio paleontológico, a disposição dos fósseis e a coluna de rochas onde cada um for encontrado. *Para anotar:* detalhes dos fósseis (tamanho, tipo de animal ou planta, se está completo ou não) e qualquer outra informação importante. Não esqueça do lápis!

Martelo de geólogo.
Sem ele, é melhor ficar em casa. Usado para quebrar rochas enquanto procura por fósseis.

Binóculo. Muito bom ter um! Para encontrar rochas mais distantes e procurar os amigos, se você estiver perdido.

Trena de 50 metros.
Tudo deve ser medido: a espessura das camadas das rochas, a distância entre as rochas, entre os fósseis e, claro, o tamanho deles.

Bússola. Para determinar a posição dos fósseis, se voltados para norte, sul, leste ou oeste, e se as camadas de rochas nas quais se encontram estão inclinadas ou não.

74 Almanaque dos dinossauros

Pincel, sonda, pinça, e lupa. Uma lupa com aumento de 10 vezes ajudará na identificação de fósseis pequenos, como dentes e espinhos. Pinças e sondas, como as usadas por dentistas, servem para retirá-los da rocha. Pincel, para limpar a superfície empoeirada das rochas.

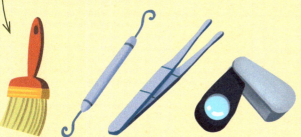

Radiocomunicador e lanterna. Esses itens podem salvar sua vida! É fácil se perder. Na falta do rádio, um bom apito será muito útil. Se for surpreendido pela noite, uma lanterna pode ajudar você a procurar o caminho de volta.

Máquina fotográfica. Para registrar as rochas e os fósseis coletados. Se eles se perderem num naufrágio ou incêndio, você ainda terá as imagens. Use algum objeto como escala.

Caixinhas, plástico-bolha e papel higiênico. Servem para embalar com cuidado os fósseis que as rochas guardaram por milhões de anos. Eles são a recompensa do paleontólogo depois da longa jornada de trabalho.

Atadura de gesso. Para que uma grande rocha contendo fósseis não se quebre, devemos engessá-la e transportá-la em segurança até o laboratório.

Água e lanche. Esses são os itens mais pesados da mochila. Um dia de trabalho duro de campo tem cerca de 10 horas. Leve 3 litros de água, 3 sanduichões e uma barra de chocolate das grandes.

Filtro solar. O bom paleontólogo está sempre protegido!

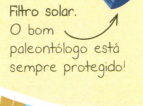

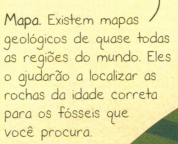

Mapa. Existem mapas geológicos de quase todas as regiões do mundo. Eles o ajudarão a localizar as rochas da idade correta para os fósseis que você procura.

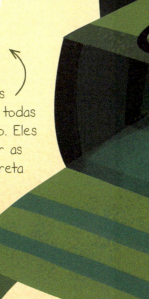

© MARCOS DE MELLO

Almanaque dos dinossauros

O paleontólogo anda na moda
TANTO FAZ SE ESTÁ FRIO OU CALOR...

Um bom **chapéu** evitará queimaduras de sol.

Óculos de sol.

Colete.

Luvas.

Calça comprida e camisa de manga longa. Proteção contra raios solares e animais peçonhentos.

Relógio. Controle o tempo! A busca por fósseis será mais eficiente.

Botas e meias grossas, sempre. Não se machuque em terrenos pedregosos ou inclinados. Escaladas em rochas são frequentes. Boas botas facilitam o trabalho. Meias grossas evitam bolhas nos pés.

Não confunda

Paleontólogos e arqueólogos têm profissões diferentes

Ambos são cientistas do além, pois tudo o que estudam já morreu. Bactérias, dinossauros e seres humanos que viveram no passado deixaram muitos vestígios da sua existência. Dos sedimentos ainda não transformados em rochas, os arqueólogos tiram restos e utensílios de pedra lascada deixados por seres humanos que viveram milhares ou poucos milhões de anos atrás. Já os paleontólogos vão mais fundo no tempo e tiram das rochas restos de organismos que viveram dezenas ou centenas de milhões de anos atrás.

O que ainda não sabemos...

Muitas coisas sobre os dinossauros ainda são um mistério porque seus tecidos moles (como a pele) e órgãos (como o coração e o fígado) raramente eram fossilizados. Mas nem sempre precisamos de fósseis para saber se algo existiu ou não. As orelhas, por exemplo: nenhum réptil de hoje tem orelhas e, por isso, podemos afirmar que nenhum dino tinha. Todos os vertebrados têm língua e, por isso, podemos de novo afirmar, com toda a certeza, que os dinossauros também tinham. Outras coisas são mais complicadas, como o comportamento, os sons que faziam, se namoravam, ou se os machos teriam um pênis.

Almanaque dos dinossauros 79

Os dinos eram barulhentos?

É quase certo que os dinossauros se comunicavam produzindo sons. Seus primos crocodilos grasnam e as aves, cantam. Portanto, é difícil imaginar que o mundo dos dinossauros fosse silencioso. Mas não sabemos quais eram os sons que faziam: se urravam, roncavam, assobiavam ou mesmo gargalhavam como as hienas. Alguns dinossauros, como o Parassaurolofo, emitiam sons quando o ar era soprado com força através de suas longas cristas ocas. Pode ser que os dinossauros pequeninos chiassem ou piassem para alertar os outros do perigo que se aproximava. Uma coisa é certa: deveria ser barulhento por lá.

Dinossauros apaixonados

Não sabemos como os dinossauros machos e fêmeas se comportavam na época do acasalamento. Talvez fossem espalhafatosos e barulhentos como algumas aves, ou mais discretos como seus primos crocodilos, que dançam no lago lançando gotas de água para o ar. Os dinossauros emplumados poderiam assobiar, dar saltos ou usar as penas para atrair parceiros... De um modo ou de outro, todos os bichos namoram. Por que não os dinossauros?

Dinossauros tinham pipi?

Não sabemos se os dinossauros machos tinham um pênis. Seus primos crocodilos têm, mas quase todas as aves o perderam para ficar mais leves para voar. É possível que os dinossauros tivessem um pênis guardado dentro do corpo e que o usavam para a reprodução. Quem sabe os paleontólogos ainda descobrirão um dinossauro múmia com o pênis fossilizado?

A união fez a força?

Não sabemos se os dinossauros caçavam em grupo. Muitos animais fazem isso hoje, pois, além de facilitar a captura de grandes animais, é uma forma de se protegerem. Golfinhos, lobos, leões, macacos e hienas devem parte do seu sucesso à caça colaborativa. Já a onça, o tigre, a coruja e o crocodilo preferem caçar sozinhos. Pode ser que entre os dinossauros tenha sido como no mundo de hoje, algumas espécies trabalhavam em grupo, outras não.

Onde ver fósseis, esqueletos, pegadas e bonecos de dinossauros e de outros animais pré-históricos pelo Brasil

SÃO PAULO – CAPITAL

Museu de Zoologia
Universidade de São Paulo
Av. Nazaré, 481 - Ipiranga – São Paulo, SP

Museu de Geociências
Instituto de Geociências da USP
Universidade de São Paulo
Rua do Lago, 562 – São Paulo, SP

SÃO PAULO – INTERIOR

Sabina – Escola Parque do Conhecimento
(Onde está o único esqueleto de Tiranossauro rex na América do Sul.)
Rua Juquiá, s/nº, Bairro Paraíso (entrada na altura do nº 135) – Santo André, SP

Museu de História Natural de Taubaté
Rua Juvenal Dias de Carvalho, 111 – Taubaté, SP

Museu de Ciências de São Carlos – Professor Mário Tolentino (Lá você conhecerá a maior coleção de pegadas de dinossauros do Brasil.)
Praça Coronel Sales, São Carlos, SP

Museu de Paleontologia de Marília
Av. Sampaio Vidal, 245, Centro
Anexo à Biblioteca Municipal – Marília, SP

Museu de Paleontologia Antonio Celso de Arruda Campos
Av. 15 de maio, s/nº, Centro – Monte Alto, SP

RIO DE JANEIRO

Museu Nacional
Quinta da Boa Vista, São Cristóvão – Rio de Janeiro, RJ

MINAS GERAIS

Museu de Ciências Naturais
Av. Dom José Gaspar, 290 – Bairro Coração Eucarístico – Belo Horizonte, MG

Museu dos Dinossauros
Universidade Federal do Triângulo Mineiro
BR 262, km 784 – Peirópolis – Uberaba, MG

RIO GRANDE DO SUL

Museu de Ciências e Tecnologia
Av. Ipiranga, 6681, Prédio 40 – Porto Alegre, RS

Museu Educativo Gama D'Eça
Rua do Acampamento, 105 - Centro – Santa Maria, RS

Museu Municipal Padre Daniel Carning
Rua do Comércio, 582 - Centro – Mata, RS

SANTA CATARINA

Museu da Terra e da Vida
Av. Presidente Nereu Ramos, 1071
Jardim do Moinho - Mafra, SC

CEARÁ

Museu de Paleontologia de Santana do Cariri
Rua Dr. José Augusto Araújo, 326 – Santana do Cariri, CE

PARAÍBA

Vale dos Dinossauros
Rodovia PB 391, Sousa-Uiraúna – Sousa, PB

TERMINANDO NOSSA CONVERSA...

Dinossauros existiram aos milhões, e, dos trilhões de ossos que deixaram, somente uma pequena fração ficou guardada nas rochas. Até agora apenas uma porção muito pequena dos ossos foi encontrada pelos paleontólogos. Entretanto, quantas coisas interessantes e incríveis eles nos ensinaram! E mais, muitos outros esqueletos ainda serão descobertos por aí e, quem sabe?, você será o paleontólogo, ou a paleontóloga, que irá estudá-los no futuro. Qualquer pessoa que goste de aventura, ossos, poeira, muito trabalho e, principalmente, de estudar, pode ser um caçador de fósseis.

Estudamos os dinossauros porque eles contam uma parte fantástica da história da Terra e da vida: quando nasceram os continentes, as plantas e muitos animais que conhecemos hoje, incluindo nossos ancestrais mamíferos mais antigos.

Quem trilha o caminho dos dinossauros gosta da natureza, dos bichos, das plantas e das rochas. Se você gostou das coisas que descobriu neste livro, é possível que no futuro suas escolhas o levarão ao caminho de novas descobertas. Enquanto o futuro não vem, podemos nos encontrar em outros livros sobre dinossauros e com as novas histórias que eles ainda contarão para nós.

Sou paleontólogo e professor de Paleontologia na Universidade de São Paulo. Sempre gostei da natureza, das plantas e dos bichos, e por isso me tornei biólogo. Numa bela tarde da qual jamais me esqueci, em meio a tantas belezas para olhar e estudar, descobri que uma longa porção da história da natureza que me fascinava havia sido guardada nas rochas. E foi nelas que encontrei conchas fossilizadas em antigos mares já desaparecidos, imensas florestas que o tempo petrificou, e, claro, os dinossauros, com quem aprendi quase tudo o que sei sobre a pré-história da Terra e da vida. E é com eles que ainda hoje viajo milhões e milhões de anos ao passado, onde muitas outras coisas escondidas aguardam para ser descobertas. Além dos dinossauros, tenho muitas outras felicidades na vida, uma delas é ir trabalhar todos os dias de bicicleta.

L. E. Anelli

Sou escritora e radialista. Apresento um programa chamado *Era uma vez...* na Rádio Mega Brasil, onde entrevisto pessoas que, como eu, gostam de livros escritos para crianças e jovens. Gosto tanto dos livros que também sou dona de uma linda livraria infantil chamada PanaPaná. Este é o meu quinto livro. Em 2015, um dos meus livros foi representar o Brasil na Itália e outro chegou às mãos de centenas de crianças das escolas municipais de São Paulo. Em 2016, viajei para os Estados Unidos porque um de meus livros foi escolhido para o ensino da língua portuguesa no estado de Utah. Este é nosso primeiro livro pela Editora Moderna.

Anos atrás conheci o Luiz Eduardo Anelli e, desde então, vamos de mãos dadas a muitos lugares para conhecer as coisas bonitas do mundo, entre elas a natureza, os bichos, as plantas, as rochas e os dinos, é claro. Nesta foto estamos num lindo museu que fica em Los Angeles, Estados Unidos. Veja como os dinos nos alegram! Fazer livros também.

Celina

LEITURA EM FAMÍLIA
Dicas para ler
com as crianças!

www.modernaliteratura.com.br/leituraemfamilia